ELKE MEHNERT

DREAMCATCHER SELBER MACHEN

ELKE MEHNERT

DREAMCATCHER SELBER MACHEN

INDIANISCHE TRAUMFÄNGER ZUM DEKORIEREN UND VERSCHENKEN

AUGUSTUS

INHALT

VORWORT

Ich möchte Sie anregen, Ihre eigene Kreativität fließen zu lassen und mehr auf Ihre Träume zu achten. Dabei ist es mir besonders wichtig, die traditionelle Idee der Traumfänger bzw. Dreamcatcher (beide Bezeichnungen meinen das Gleiche) in unsere Zeit zu transportieren. Traumfänger finden sich bei den Ureinwohnern Australiens genauso wie bei den Indianern (Native People) Amerikas. Es gibt sie seit Ewigkeiten und sollen sie vor bösen Träumen schützen.

Wir sind »Native People« unseres Landes und sollten Traumfänger mit den Dingen herstellen, die für uns wichtig sind. Stöbern Sie einmal in Ihren persönlichen Schatzkästchen nach Möglichkeiten oder finden Sie bei Spaziergängen besondere Materialien. Auch ein Bummel durch Hobby- und Bastelgeschäfte kann Anregungen geben. Alle vorgestellten Traumfänger sollen Sie zu ganz eigenen Kreationen anregen. Sie können aber auch detailgetreu nachgearbeitet werden. Vielleicht macht es Ihnen auch Spaß, Traumfänger für Bekannte und Freunde anzufertigen. Ich wünsche Ihnen sehr viel Freude und Entspannung!

Ihre Elke Mehnert

WAS IST EIN TRAUMFÄNGER?

Traumfänger werden schon seit langer Zeit in der Tradition der Sioux- und Ojibwa-Indianer Nordamerikas hergestellt sowie in Australien von den Aboriginies. Sie nutzten feuchte Tierhäute, die über Rahmen gespannt wurden. Mit den noch nassen Rahmen nahmen sie echte Spinnennetze großer Spinnen in der Natur auf.

Traumfänger gibt es in zahllosen Formen, Materialien und Farben, aber das Grundprinzip ist immer gleich: ein Kreis mit einem Netz in der Mitte, in welchen Perlen, Federn und Steine eingearbeitet sind.

Der Kreis des Traumfängers stellt den Kreislauf des Lebens dar, den wir uns alle entschlossen haben zu gehen. Das Gespinst steht für das individuelle Netz, welches wir weben, wenn wir unseren täglichen Lebensweg gehen. In der Tradition der Native People Amerikas wird gesagt, dass der Traumfänger uns vor den Träumen schützt, die wir noch nicht verstehen können oder die schlecht sind. Traumfänger sind ein Werkzeug, welches mehr Klarheit und Frieden in die Traumzeit bringt. Wenn die Morgensonne das Netz des Traumfängers berührt, schmelzen die eingefangenen Träume dahin und er ist für die nächste Nacht frei.

Wenn Sie einen Traumfänger traditionell nutzen möchten, ist es angebracht, ihn mindestens einmal im halben Jahr unter fließendem Wasser zu reinigen. Spätestens nach einem Jahr sollte er erneuert werden, falls keine Reinigung erfolgt. Ohne die Reinigung würde er seine Kraft verlieren. Der beste Platz für einen Traumfänger ist der über dem Kopfteil des Bettes.

Links:
Eine schöne, ästhetische Lösung, die vom zeitlosen Geschmack der Sioux-Indianer zeugt.

AUS DER TRADITION DER NATIVE PEOPLE DER STÄMME SIOUX UND OJIBWA

Vor langer Zeit kam eine traurige Frau des Stammes der Ojibwa-Indianer zur weisen alten Spinnenfrau. Sie erzählte der weisen Spinnenfrau, dass ihre kleine Tochter nachts von bösen Alpträumen heimgesucht werde und deshalb schlecht schlafen könne.

In ihrer Verzweiflung bat die Mutter die weise Spinnenfrau um einen Rat. Die Spinnenfrau antwortete: »Nimm andächtig einen Zweig von der Weide am Fluss und biege ihn zu einem heiligen Kreis. Fülle den Kreis mit einem Spinnengeflecht aus. Danach hänge ihn über den Schlafplatz deines Kindes. Die bösen Träume werden sich in diesem Gespinst verfangen, die guten Träume finden weiterhin den Weg zu deiner Tochter.«

Die Indianerin beherzigte die weisen Worte der alten Spinnenfrau und fertigte danach den ersten Traumfänger. Von diesem Zeitpunkt an schlief die Tochter wieder ruhig.

MATERIAL UND WERKZEUGE

Bevor Sie mit der eigentlichen Bastelarbeit beginnen, sollten Sie Ihren Arbeitstisch zuerst mit Folie abdecken, um Verschmutzungen leicht beseitigen zu können. Zur Grundausstattung zählen Schere, Messer und Klebstoff. Für die Klebearbeiten reicht normaler flüssiger Klebstoff oder ein Klebestift.

Sie können auch mit einer Heißklebepistole arbeiten. Der Vorteil gegenüber anderen Klebemitteln besteht darin, dass die heiße Klebemasse schnell abkühlt und somit die zu befestigenden Teile rasch und dauerhaft fixiert werden können.

WEIDENRUTEN

Diese sollten immer in frisch geschnittenem Zustand zu ihrer Form gebunden werden. Achten Sie beim Schneiden der Ruten bitte darauf, dass Sie an einem Baum niemals mehr Äste entfernen als unbedingt notwendig! Schonen Sie bitte Ihre Umwelt. Häufig werden im Frühjahr Büsche eingekürzt. Verwenden Sie ruhig Äste und Ruten, die sonst entsorgt würden. Die Ruten können zu Hause sofort in die entsprechende Form gebunden und später weiter verarbeitet werden.

FERTIGE BAMBUS- ODER METALLRAHMEN

Fertige Rahmen bekommen Sie im Hobby- und Bastelfachhandel. Manche haben schon ein Gespann aus Weinranken, welches mühelos in Ihre Kreation mit einbezogen werden kann.

WILDKRÄUTER UND KULTURPFLANZEN

Sammeln Sie diese in leicht aufgeblühtem Zustand und binden Sie diese zu kleinen Sträußen zusammen. Zum Trocknen werden die Sträuße in dunklen Räumen oder Ecken kopfüber aufgehängt. Dabei behalten die Wildkräuter zum großen Teil ihre natürliche Farbe. Bitte nur so viele Kräuter sammeln wie nötig, denn im nächsten Jahr wachsen neue!

GEFUNDENE FEDERN UND VERLASSENE VOGELNESTER

Stecken Sie diese Naturmaterialien vor der Bearbeitung in eine Plastiktüte und bewahren Sie diese mehrere Tage im Tiefkühlfach auf. Federmilben und andere Kleinstlebewesen werden dadurch abgetötet.

Um farbige Akzente zu setzen, sollten Sie am besten gefärbte Federn aus dem Bastelgeschäft, die schon behandelt sind, verwenden.

Gefundene Baumpilze, Aststücke, Baumwurzelteile und Knochen

Dieses sind Fundteile, die zum Trocknen erst einmal im Keller oder auf dem Balkon lagern sollten. Um auch hier Kleinstlebewesen abzutöten, was die Lebensdauer der Traumfänger verlängert, sollten Sie die Materialien für ca. 30 Minuten in den Backofen legen. Legen Sie Ihr Backblech mit Aluminiumfolie oder Backpapier aus. Die Fundstücke werden darauf gelegt. Schon bei einer Temperatur von 100° C sterben kleine Lebewesen.

Steine

In den Traumfängern werden verschiedene Steine bzw. Halbedelsteine verwendet. Sie haben die Möglichkeit, rund geschliffene Steine einzukleben oder auf Fäden aufzuziehen. Gut geeignet sind gelochte Steine. Dazu werden Sie sicher in Ihrem persönlichen Schmuckkästchen oder bei einem Steinhändler vor Ort eine geeignete Auswahl finden. Sie können aber auch »alte« Halsketten oder Armbänder auflösen und Teile davon in die Traumfänger einarbeiten. Lassen Sie sich ruhig von Ihrer Intuition leiten.

Falls Sie zu Hause nicht fündig werden, gibt es bestimmt in der Nähe Ihres Wohnortes einen Steinefachhandel.

»Hühnergötter«

Hierbei handelt es sich um große und kleine Feuersteine mit einem oder mehreren Löchern. Man kann sie bei Spaziergängen auf Wegen und besonders häufig an Stränden der Ostsee finden. Sie eignen sich hervorragend, um in Traumfänger ein- oder angebunden zu werden.

Leder- und Filzbänder

Bänder aus Leder oder Filz sollte man nicht fertig zugeschnitten kaufen. Sie nehmen ein Stück des entsprechenden Materials und schneiden den Außenrand so zu, dass er eine abgerundete Form hat. Jetzt beginnen Sie damit, am Rand in einer Breite von 0,5 bis 1,0 cm spiralförmig die Bänder zur Mitte zuzuschneiden. Sie können mit dieser Technik aus einer Lederhaut oder einem Stück Filz ein sehr langes Band erhalten. Dieses wickeln Sie zu einem Knäuel auf. Je nach Bedarf werden die Streifen in unterschiedlichen Längen vom Knäuel abgeschnitten.

Eine andere Methode ist es, einfach aus einem Stück Leder oder Filz die entsprechenden Bänder in der angegebenen Größe zuzuschneiden.

Filzstücke, Lederhäute, Stoff- und Fellreste

erhalten Sie im Hobby- und Bastelfachhandel. Sie können ebenso, falls vorhanden, abgelegte Bekleidung zerschneiden. Fast alle Fellteile der von mir hergestellten Traumfänger kommen aus Secondhand-Geschäften.

Holz-, Glas- und Plastikperlen, Muschelteile und Glasteile

und andere hier benutzte Materialien erhalten Sie im Hobby- und Bastelfachhandel. Zwirne, Nähgarne, Satinbänder, Glanzgarne und Nadeln finden Sie in Fachgeschäften für Schneiderbedarf oder vielleicht eher in Ihrem »heimischen Nähkasten«.

Es ist immer von Vorteil, verschiedenste Materialien bereitzulegen, damit Sie bei Bedarf wählen können. Diese sollten Sie vielleicht an einen schönen Tag am Meer, an einen entspannenden Spaziergang oder einen erlebnisreichen Urlaub erinnern. Dann denken Sie beim Betrachten Ihres persönlichen Kunstwerkes auch an Träume, die Sie schon verwirklicht haben, daraus können sich neue Träume für die Zukunft entwickeln.

HINWEIS

Die Traumfänger können Sie detailgenau nacharbeiten. Allerdings wird es immer zu Abweichungen vom Original kommen, allein durch die Einzigartigkeit der benutzten Materialien. Die Materialien können Sie zudem unabhängig von der Vorgabe auch beliebig verwenden.

Die von der Autorin gebrauchten Fundstücke werden Sie z.B. in keinem Geschäft kaufen können. Lassen Sie sich einfach inspirieren und verwenden Sie persönliche Fundstücke. Jeder Traumfänger ist geprägt von seinem individuellen Aussehen. Die Autorin kann nur Anregungen geben. Hier sind handwerkliches Geschick und Ihre eigene Kreativität gefragt.

Außer im Hobby- und Bastelhandel bekommen Sie Materialien wie z.B. Naturfedern, Leder, Knochen, australische Nullas und Didgeridoos sowie Klangstöcke in Indianergeschäften bzw. Ethnoläden, auf Kunsthandwerksmärkten sowie bei entsprechenden Versendern z.B. im Internet.

HERSTELLUNG EINES »SPINNENNETZES«

In den meisten der Traumfänger wird das Netz, wie hier anhand der Zeichnung beschrieben, in den Rahmen eingespannt. Ein Seitenverweis bei dem jeweiligen Objekt verweist auf diese Technik.

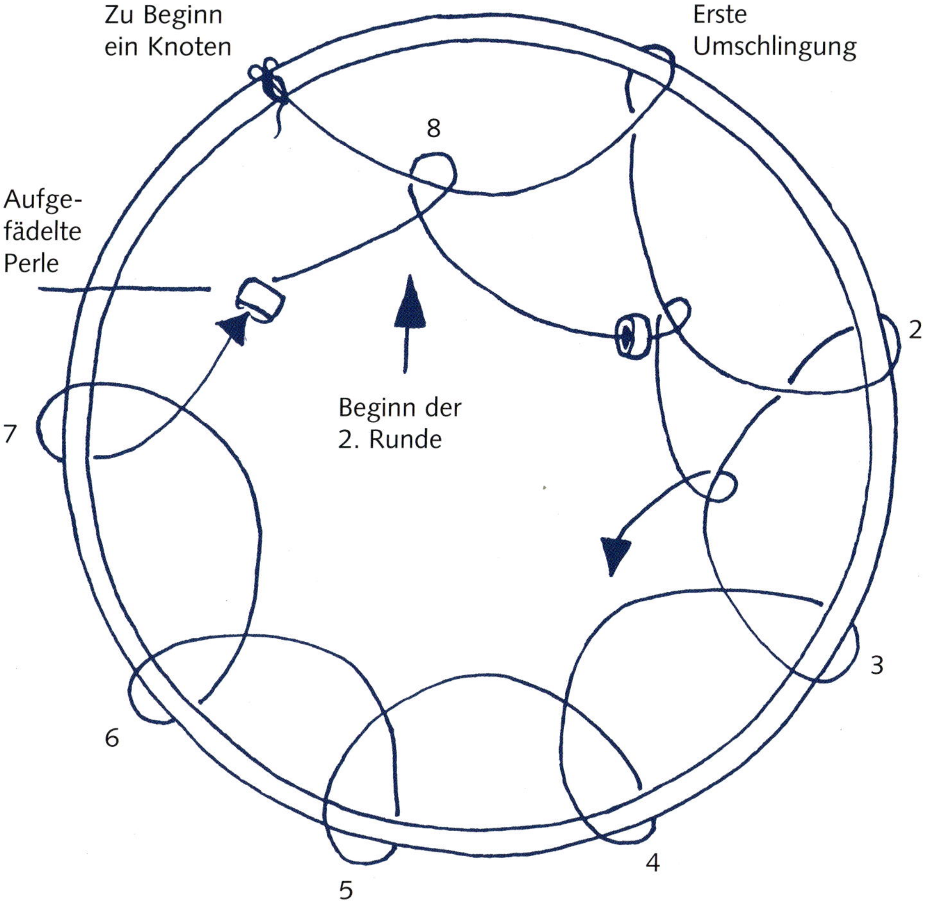

In dieser Form wird das Netz bis zur Mitte weitergeführt. Entweder verknoten Sie in der Mitte den Faden oder Sie lassen eine größere Öffnung, um Objekte hineinzuhängen.

GALERIE DER TRAUMFÄNGER

ROTER BLITZ

Die Anregung zu diesem Traumfänger basiert auf den traditionellen Ideen der indogenen Völker. Seine Herstellung benötigt ein wenig Geduld.

DAS WIRD GEBRAUCHT

- große Weidenruten
- kleine Adlerfedern
- große Feder vom Gänsegeier
- Perlen aus Onyx und Bergkristall
- Hirschspaltleder, 21 cm x 50 cm
- Filzstift in Rot und Schwarz
- dünner Bindfaden und Draht
- Klebepistole

SO WIRD'S GEMACHT

Die großen Weidenruten werden frisch von einer Trauerweide geschnitten und in Kreisform mit dünnem Draht zusammengebunden. Ein Gespinst aus Bindfaden spannen Sie in das Innere des Ringes hinein und fixieren es mit Knoten. Dabei wird von außen nach innen gearbeitet (siehe Abbildung Seite 11). In das fertige Gespinst werden die Perlen aus Onyx und Bergkristall mit kleinen Fäden eingebunden. Schneiden Sie aus Hirschspaltleder 7 Streifen von 2 bis 3 cm Breite. Diese können nun Schritt für Schritt um den Rutenkreis gewickelt werden. Der besseren Haltbarkeit wegen, fixieren Sie das Leder am Rahmen bei jeder zweiten Umwicklung mit der Klebepistole. Das Ende der Umwicklungen kleben Sie am Rahmen fest.

Jetzt kann nach eigenem Geschmack die Lederumwicklung mit den Filzstiften in Rot und Schwarz bemalt werden.

Um die zwei kleinen Adlerfedern zu befestigen, kleben Sie zwei schmale Streifen aus dem Hirschspaltleder als Anhänger an die Federn.

Zuletzt werden die Keile der Federn mit einer Manschette aus breiterem Hirschspaltleder beklebt. Mit der großen Feder verfahren Sie genauso.

Jetzt können Sie die Manschetten und Federkiele mit den Filzstiften ganz nach Geschmack verzieren. Die beiden kleineren Federn werden mit den Lederbändern rechts und links am Traumfänger angeknotet, die große Feder kommt in die Mitte.

Zum Anhängen des Traumfängers schneiden Sie ein schmales Band aus Hirschspaltleder zurecht und knoten dieses am oberen Ende an.

DER ONYX UND SEINE BEDEUTUNG

Onyx ist durch Eisen- und Kohlenstoffeinlagerungen schwarz gefärbt und gehört zur Quarzgruppe. Er entsteht in Gesteinshohlräumen.

Seelisch stärkt Onyx Selbstbewusstsein und Verantwortungsgefühl. Er fördert einen gesunden Egoismus und verbessert mental das Durchsetzungsvermögen. Onyx macht nüchtern und realistisch und bringt bessere Kontrolle über die eigenen Handlungen.

SONNEN-STRAHLEN

Draußen kann es regnen und stürmen, Sie haben ganz sicher die Sonne im Haus!

DAS WIRD GEBRAUCHT

- kleiner Weidenkranz
- Dekolack in Sonnengelb
- Filzstück in Orange und Gelb, je 15 cm x 40 cm
- große und kleine Federn
- Holzperlen in Gelb, Orange und Rot
- farbiges Stickgarn
- Fimo in Gelb, Orange und Rot
- Strohblumen

SO WIRD'S GEMACHT

Zuerst den Kranz mit gelbem Lack beidseitig einsprühen. Während er trocknet, beginnen Sie mit dem Zuschneiden von je 3 gelben und 3 orangen Filzstreifen für die Innengestaltung. Die Streifen sollten ca. 3 bis 5 cm breit sein sowie an einem Ende breiter und am anderen Ende schmaler zugeschnitten werden. Die Filzstreifen müssen so lang sein, dass man sie auf der Rückseite des Kranzes umschlagen kann. Die Breite bestimmen Sie selbst.

Nun schneiden Sie von den großen Federn die Kiele auf. Am Ende und an der Spitze der gelben Federn kleben Sie kleinere orange Federn an. In die aufgeschnittenen Federkiele wird das Stickgarn eingeklebt. Aus dem gelben Filz wird eine kleine Manschette geschnitten und mit Heißkleber oder Klebstoff an den Federkeilen befestigt.

An den Enden des Stickgarns fädeln Sie jetzt farbige Holzperlen auf. In gleicher Form wird die große rote Feder des unteren Mit-telteils vorbereitet.

In der Zwischenzeit ist der eingesprühte Kranz getrocknet. In seinem Mittelteil werden zuerst die drei gelben Filzstreifen einzeln verwoben festgeklebt. Dabei befestigen Sie erst eine Seite mit Heißkleber oder Klebstoff und danach die zweite. Die Filzstreifen werden um den Kranz nach hinten umgeschlagen und angeklebt. Die Bänder sollen nicht zu straff sein, um ein Reißen zu verhindern.

In den Farben des Traumfängers legen Sie kleine Fimoplatten übereinander. Daraus wird eine kleine Rolle geformt. Die Rolle schneiden Sie in Scheiben. Drücken Sie die Scheiben breit. In die noch weiche Knete bohrt man Löcher. Danach wird Fimo im Backofen gebrannt. Die Brenntemperaturen finden Sie auf der Fimo-Anleitung.

Zuletzt binden Sie die gelben Federn rechts und links an den Kranz und die rote Feder in die Mitte. Am Ende kleben Sie die Trockenblumen nach Belieben an. Die Verzierungen aus Fimo sowie das Aufhängeband werden mit farbigem Stickgarn befestigt.

AUSTRALISCHE SONGLINES

Songlines unterteilen nach dem Glauben der Ureinwohner den Kontinent Australien in verschiedene Lebensgebiete der Stämme.

DAS WIRD GEBRAUCHT

- fertiges, quadratisches Gestell mit Weinreben
- Emufedern
- Federn in Orange
- Leder in Braun, 2 cm x 15 cm
- verschiedene Dekorationen, z.B. Bumerang, Schild, Klangstöcke, Didgeridoo, Nulla
- bemalte Samenkapseln (Samenkapseln sind in Blumenläden und Gartencentern erhältlich)
- Baumwurzel

SO WIRD'S GEMACHT

Schneiden Sie aus dem Leder 2 Bänder, die je 1 cm breit und 15 cm lang sind. Damit wird die Wurzel am Gestell befestigt.

Das Mini-Didgeridoo, die Klangstöcke und der Bumerang werden mit Klebstoff an den Lederbändern befestigt. Die Emufedern kleben Sie zusammen. Zwei Lederbänder und zuletzt eine kleine Ledermanschette werden darüber gestülpt und angeklebt.

In der Mitte des Weinrebengestells wird das Minischild mit Heißkleber oder Klebstoff fixiert. Die Federn in Orange symbolisieren die rote Erde Australiens. Sie kleben diese einfach an den Weinreben oder den Samenkapseln fest. Die Samenkapseln werden auf ein Gummiband aufgezogen und an den Weinreben angebunden.

Am unteren Teil des Gestells werden nach eigenem Geschmack die Dekorationen so angebunden, dass diese die Schwingungen der Wurzel nicht verdecken.

Am oberen Ende des Weinrebengestells bindet man mit längeren Lederbändern die Aufhängung an. An der Aufhängung wird der Nulla mit Heißkleber oder Klebstoff befestigt.

Das Zuhause des blauen Engels

Engel begegnen uns im Verlauf des Jahres häufig nur in der Vorweihnachtszeit. Engel sind aber allzeit gute Lebensbegleiter.

Das wird gebraucht

- fertiger Rahmen aus Stahl
- weihnachtlicher Dekorationsdraht in Blau
- weihnachtlicher Deko-Engel in Blau
- Federn in Blau
- Fellstück in Blau
- Reststück von Goldstoff, 12 cm x 40 cm
- Baumwurzel
- Deko-Sprühlack in Goldgelb
- Bindfaden
- Nähgarn in Blau
- Nadeln

So wird's gemacht

Zuerst wird die Baumwurzel einen Tag vor Arbeitsbeginn mit dem gelben Sprühlack eingefärbt. Am nächsten Tag fixieren Sie die Wurzel mit dem Bindfaden am Metallrahmen. Schon dabei entscheiden Sie, wo am fertigen Traumfänger oben und unten sein soll.
Der Deko-Sternendraht wird straff im Rahmen gespannt und am Stahlgestell festgedreht. Den kleinen Engel bereiten Sie vor, indem Sie Federn in die untere Öffnung des Engels kleben. Mit dünnem blauem Nähgarn befestigt man den Engel am Deko-Draht und am Rahmen. Einen passenden Farbtupfer stellt das geklebte Nest aus blauem Fell in der Wurzel dar.
Anschließend schneiden Sie den Goldstoff in 1 bis 2 cm breite und 40 cm lange Streifen zu. Es sollten 6 Streifen zugeschnitten werden. Diese wickeln Sie direkt um das Stahlgestell. Die Streifen mit Heißkleber oder Klebstoff fixieren.
Ein Teil des Metallrahmens bleibt offen und ist nur mit Sternendraht dekoriert. Ein Streifen des Goldstoffes dient als Anhänger.

OSTSEE-FISCHERNETZ

Wunderschönes Strandgut an der Ostsee und an anderen Gewässern war die Inspiration für diesen Traumfänger.

DAS WIRD GEBRAUCHT

- geschälte Weidenruten
- dicker Bindfaden
- Kaninchenfellstücke
- Muscheln
- gefundene Federn
- Baumwurzel
- Schneckenhäuser
- gesammelte Steine (»Hühnergötter«)
- Glasstückchen
- Blätter aus Plastik
- kleine Lederreste

SO WIRD'S GEMACHT

Am Abend vor Arbeitsbeginn werden die Ruten in Wasser eingeweicht. Die eingeweichten Ruten bringen Sie in eine möglichst runde Form, indem Sie die Weiden mit Bindfaden fixieren. Entscheiden Sie, wo beim fertigen Traumfänger oben und unten sein wird.

Vorbereitend zur Dekoration kleben Sie die Muscheln mit Klebstoff auf die Lederreste.

Der Bindfaden wird frei in das Gestell aus Weidenruten eingespannt. Dabei achten Sie bitte darauf, dass dieser gut durch Knoten, eventuell Kleber, gesichert wird.

Zuerst wird die Wurzel mit Bindfaden im Inneren der Bespannung angeknotet. Kleben Sie die Muscheln, Fellreste, Federn, Schneckenhäuser und Glasstücke in das Netz hinein. Die größere Feder befestigen Sie mit Heißkleber oder Klebstoff an einem Bindfaden und knoten diese zusammen mit einem »Hühnergott« am Rahmen an. Ein zweiter »Hühnergott« wird im Geflecht des Traumfängers angebracht. Aus einem überstehenden Ende des inneren »Fischernetzes« knoten Sie den Anhänger.

LILA MUSIK

Ein Strick- oder Häkeldeckchen von Oma wirkt eingefärbt wie zarte Musik.

DAS WIRD GEBRAUCHT

- Metallrahmen
- Strick- oder Häkeldeckchen
- Federn in Lila und Magenta
- Holzperlen Lila und Magenta
- Wachsperlen
- Filz in Lila, 11 cm x 40 cm
- Stoffmalfarbe in Lila
- Nähgarn und Stickgarn
- Nadel

SO WIRD'S GEMACHT

Mindestens einen Tag vor Arbeitsbeginn wird das weiße Strick- oder Häkeldeckchen auf einer Plastiktüte mit Stoffarbe in Lila gefärbt. Hierzu weichen Sie das Deckchen in der Farbe ein und lassen es trocknen. Richten Sie sich nach der Beschreibung der Stoffmalfarbe.

Das Deckchen spannen Sie in den Metallrahmen, indem Sie zuerst eine Ecke und danach die gegenüberliegende Ecke mit einem Faden durchnähen und dann zuknoten. Verknoten Sie im Kreuz erst die linke und die gegenüberliegende rechte Ecke. So spannt man alle sechzehn Spitzen des Deckchens in den Metallrahmen.

Bereiten Sie die Federn vor, indem Sie sie mit Heißkleber oder Klebstoff an längere Stickgarnbänder fixieren. Am oberen Teil der Federn fädeln Sie passende Holzperlen auf, die durch einen Knoten gesichert sind. Schon dabei ist zu entscheiden, welche Federn wo am Traumfänger angebracht werden sollen.

Die Federdekoration binden Sie am Metallrahmen an. Alle Wachsperlen und Federn im Rahmen können mit Klebstoff auf das Deckchen geklebt werden.

Aus dem Stück Filz schneiden Sie 7 Streifen, die 1,5 cm breit und 40 cm lang sind. Diese werden mit Klebstoff am Metallrahmen befestigt und um diesen gewickelt. Dabei immer wieder mit Klebstoff fixieren, um Haltbarkeit zu erzeugen. Zuletzt knoten Sie den Aufhänger an den Traumfänger und der Traum in Magenta und Lila verschönert Ihren Raum.

FLEDERMAUS, ZEIG' DEIN HAUS!

An warmen Sommerabenden draußen zu sitzen und Fledermäuse zu sehen, hat etwas Faszinierendes.

DAS WIRD GEBRAUCHT

- frisch geschnittene Weidenruten (Trauerweide)
- Birkenrinde
- Hühnerfedern
- Holzperlen
- Satinband in Lila und Gelb, je 2 cm x 1cm
- Satinband in Altrosa, 2 cm x 0,5 cm
- Filz in Schwarz, 8 cm x 40 cm
- dünner Draht
- Steine mit Loch (»Hühnergötter«)
- Baumpilze
- Kiefernzapfen
- Fledermausdrahtkette (Halloween-Deko)
- Streufiguren Fledermaus und Spinne (Halloween-Deko)
- Klemmtierchen Fledermaus
- Keramikmond
- Taschenmesser
- Bindfaden in Schwarz

SO WIRD'S GEMACHT

Die mit dem Taschenmesser frisch geschnittenen Weidenruten werden mit dünnem Draht zu einer runden Form gebunden.

Das innere Netz spannen Sie mit schwarzem Faden frei im Weidengestell. Schon dabei werden die Gegenstände (siehe Materialliste) eingebunden. Bei der ersten Gestaltung entwickeln Sie ein Gefühl dafür, wo bei dem fertigen Traumfänger oben und unten ist.

Das innere Netz sollte fest gespannt sein, da sich die Ruten beim Trocknen ein wenig zusammenziehen. Die Fledermausdrahtkette wird locker mit dem Rahmen und dem Netz verknüpft.

Den schwarzen Filz schneiden Sie in 4 Streifen von 2 cm Breite und 40 cm Länge zu. Diese Streifen wickeln Sie um den Weidenrahmen und fixieren sie mehrmals mit Klebstoff. Ebenso verfahren Sie mit den Satinbändern in Lila, Gelb und Altrosa.

Den Keramikmond knoten Sie mit einem Satinband an das Weidengestell. Das Klemmtierchen wird am Rahmen festgeklemmt.

Ganz zuletzt wird der Aufhänger aus einem Satinband gefertigt.

Im Haus der Bernstein-Spinne

Wer wird nicht unruhig, wenn eine große Spinne herumkrabbelt? Diese ist allerdings harmlos und dient nur der besonderen Dekoration.

Das wird gebraucht

- kleine frische Weidenrute (Trauerweide)
- Plastikspinne (Halloween-Deko)
- Pfauenfeder
- Holzperle in Schwarz
- gefundene Elsternfeder
- kleine Bernsteine
- Filz in Schwarz, 10 cm x 30 cm
- Goldband
- dünner Draht
- Taschenmesser
- Zwirn in Schwarz
- Nähgarn in Schwarz
- Nadeln

So wird's gemacht

Die frisch geschnittene Rute wird mit kleinen Drähten zu einer runden Form gebunden. Das innere Netz entsteht, indem der schwarze Zwirn von einer Rahmenseite zur anderen gelegt und jeweils an den Enden verknotet wird. Den zweiten Zwirnsfaden legt man gekreuzt darüber. Auch er wird am Rahmen verknotet. Jetzt legen Sie versetzt ein zweites Kreuz, auch dieses verknoten Sie in der Mitte und am Rahmen. Die so entstandenen 8 Strahlen sollten straff sein, denn sie bilden die Grundlage des »Spinnennetzes«.

Nun knoten Sie, von der Mitte beginnend, eine Spirale. Der Zwirn wird in der Mitte fixiert und bei jeder Vorbeiführung an einem der Strahlen verknotet. Dieses nimmt einige Zeit in Anspruch, aber je exakter die Ausführung, desto schöner das Ergebnis. Den Faden der inneren Spirale knoten Sie beim Erreichen des Rahmens fest.

Jetzt können die kleinen Bernsteine mit schwarzem Nähgarn am Netz festgebunden werden. In der Mitte befestigen Sie mit Draht eine Holzperle. Dahinter kleben Sie mit Klebstoff die Pfauenfeder, die Elsternfeder und darauf als Blickpunkt den Bernstein. An einem längeren Zwirnsfaden aus dem Mittelteil des Netzes wird die Spinne festgeknotet.

Aus einem schwarzen Filz werden 5 Bänder 2 cm breit und 30 cm lang zugeschnitten. Mit diesen umwickeln Sie den Rahmen des Traumfängers komplett. Die Befestigung am Rahmen erfolgt mehrfach mit Klebstoff.

Ein kleiner Rest Goldband bildet zum Abschluss den Aufhänger dieses Traumfängers.

Sonnen-finsternis auf Kreta

Die Männer auf Kreta tragen schwarze Häkelnetze als Kopfschmuck. Thema dieses Traumfängers ist die dort erlebte Sonnenfinsternis.

Das wird gebraucht

- Metallrahmen
- Häkelnetz in Schwarz
- 3 Messingglöckchen
- Goldband
- Goldstoff, 12 cm x 30 cm
- Messingsonne (Gardinenstangendekoration)
- Ohrsteckerplatinen
- Filzstift in Gold
- Nähgarn in Schwarz
- Nadeln

So wird's gemacht

Das Häkelnetz wird straff in den Rahmen gespannt. Die Schlaufen des Netzes durchstechen Sie hierzu mit Nadel und Nähgarn, um dieses dann am Rahmen festzuknoten. Das innere Gespann sollte straff sein. Teile des Netzes, die größer als der Rahmen sind, hängen frei aus dem Gestell heraus. Entscheiden Sie, in welcher Position der fertige Traumfänger später aufgehängt werden soll.

Aus dem Goldstoff schneiden Sie 6 Streifen in 2 cm Breite und 30 cm Länge zu. Mit den Streifen umwickeln Sie die noch nicht bedeckten Flächen des Metallrahmens. Dabei sollten die Streifen mehrmals mit Klebstoff befestigt werden.

Die Messingglöckchen werden an goldene Bänder gebunden und mit Schleifen am Rahmen des Traumfängers befestigt. Um einen »Sternenhimmel« darzustellen, stecken Sie die Ohrsteckerplatinen in die Schlaufen des Netzes.

Das Zentrum des Traumfängers bildet die Sonne. Klemmen Sie diese einfach von hinten in den Rahmen hinein. Damit die Sonne besser im Netz hängt, binden Sie Bänder aus Goldstoff und ein Messingglöckchen an. Zuletzt fertigen Sie aus dem schwarzen Nähgarn einen Aufhänger für den Traumfänger an.

LEBEN IN DER URZEIT

Frühzeitliche Bräuche sowie der Überlebenswille in einer unwirklichen Zeit sollen sich in diesem Traumfänger widerspiegeln. Das sieht dann vielleicht so aus ...

DAS WIRD GEBRAUCHT

- Rahmen aus Bambusrohr
- kleine und große Federn
- Wachsperle
- Messingdraht, 20 cm Länge
- Holzperlen
- Kaninchenfell
- Lederrest
- Geflügelknochen
- dicker Bindfaden

SO WIRD'S GEMACHT

Umwickeln Sie das obere und das untere Viertel des Ringes mit dickem Bindfaden. Der Bindfaden wird mit Knoten und Draht am Rahmen fixiert.

In das Kaninchenfell schneiden Sie von hinten 5 kleine Löcher hinein. Durch diese stecken Sie den Bindfaden, um das Fell am Rahmen festzuknoten. Das Fell wird locker in den Rahmen hineingespannt.

Jetzt entscheiden Sie, in welcher Position der fertige Traumfänger aufgehängt werden soll.

Die Perlenfigur in der oberen Mitte des Traumfängers entsteht, indem Sie unterschiedliche, vielfarbige Holzperlen auf ein Stück Messingdraht fädeln. Ganz nach Ihrem Geschmack drahten Sie noch kleine Lederstücke oder 2 Federn an.

Die Federn rechts, links und unten am Traumfänger werden einfach in die Öffnung der Holzperlen hineingesteckt, nachdem diese auf den Bindfaden aufgezogen wurden. Nach Anbinden der Dekorationen an den Traumfänger sichern Sie die Bindfäden und Federn durch Knoten. Ein Bindfaden, am oberen Ende des Traumfängers befestigt, bildet den Aufhänger.

ELFENHARFE

Elfen sind die zarten Schutzgeister der Pflanzen. Doch worauf könnten sie musizieren? Sicher kann diese Harfe so feine Töne von sich geben, dass sie für unser Ohr kaum zu hören sind.

DAS WIRD GEBRAUCHT

- Baumwurzel
- Hologrammband
- Glasperlen
- Stoffmalfarbe in Schwarz
- Pinsel
- Folie oder Plastiktüte

SO WIRD'S GEMACHT

Mindestens einen Tag vor Arbeitsbeginn wird die Baumwurzel mit schwarzer (verdünnter) Stoffmalfarbe auf beiden Seiten bemalt, dadurch wirkt sie dunkler. Nach dem Trocknen der Wurzel entscheiden Sie, wie rum der Traumfänger hängen soll.

Das Hologrammband wird frei im Inneren der Wurzel eingespannt. Zum Spannen nutzen Sie die unterschiedlichen Vorsprünge der Wurzel. Spannen Sie das Hologrammband von unten nach oben und umgekehrt. Danach werden die Querverbindungen angebracht und mit den vertikalen Spannfäden verflochten.

An der Vorderseite des Traumfängers sollten nicht zu viele Anknüpfungspunkte zu sehen sein, weil das die Schönheit der Wurzelschwingungen zerstört. Achten Sie darauf, dass Sie nicht zu fest spannen, da sonst die Hologrammbänder reißen können. An der Rückseite der Wurzel kann das Hologrammband vorsichtig mit Heißkleber oder Klebstoff fixiert werden.

Die wunderschön geschliffenen Glasperlen werden zuletzt mit Heißkleber oder Klebstoff an der Wurzel befestigt. Sie ergeben zusammen mit dem Hologrammaufhänger einen leuchtenden Abschluss für den Traumfänger.

SCHUTZ IN TÜRKIS

Ein Türkis wirkt immer strahlend frisch und dekoriert fast jede Wand.

DAS WIRD GEBRAUCHT

- Rahmen aus Bambusrohr
- Federn in Türkis, Weiß und Rot
- Filz in Türkis, 14 cm x 40 cm
- Leder in Türkis, 2 cm x 40 cm
- Leder in Weiß und Rot, je 1 cm x 30 cm
- Lederrest in Weiß und Rot
- kleine Türkise
- dünner Bindfaden

SO WIRD'S GEMACHT

Zuerst wird das innere Gespann im Rahmen angebracht. Den ersten Faden des Netzes knoten Sie an den gegenüberliegenden Seiten des Rahmens fest. Der zweite Faden wird kreuzweise an den Rahmenseiten und in der Mitte des ersten Bandes verknotet.

So verfahren Sie in versetzter Form auch mit den zwei weiteren Spannfäden. Jetzt gibt es im Inneren des Kreises ein Zentrum, das mit 8 Bändern am Rahmen befestigt ist. Der innere Faden wird, vom Zentrum beginnend, als Spirale nach außen gearbeitet. Dabei verknoten Sie das Band bei jeder Weiterführung mit den Strahlen. Das gibt dem Netz Festigkeit und Stabilität. Am Ende wird das innere Band am Rahmen verknotet.

Schneiden Sie aus einem Stück türkisfarbenem Leder einen 0,5 cm breiten und 40 cm langen Streifen. Diesen knüpfen Sie von innen nach außen kreisförmig in das Gespann ein und verkleben die Enden mit Klebstoff.

Ein roter und ein weißer Lederstreifen (0,5 cm x 30 cm) werden in der Mitte des Netzes und am Rahmen verknotet. Kleine Türkise fädeln Sie einzeln auf und binden diese im Netz fest.

Für die Dekorationen in der Mitte und an den Seiten des Rahmens werden die Federn an Lederbändern festgeklebt. Die Bänder knotet man am Rahmen an. Für das Lederband in der Mitte verflechten Sie weiße und rote Lederstreifenreste. Auch hier kleben Sie Federn an und verknoten Sie mit dem Rahmen. Für die Federn an den Seiten benötigen Sie 2 Lederbänder (0,5 cm x 30 cm).

Zur Umwicklung des Rahmens schneiden Sie den Filz in 7 Streifen von je 2 cm Breite und 40 cm Länge. Diese werden beim Umwickeln mit einem Tropfen Heißkleber oder Klebstoff fixiert. Zuletzt schneiden Sie aus dünnem Bindfaden den Aufhänger zu.

DER TÜRKIS UND SEINE BEDEUTUNG

Der Türkis hat seinen Namen von der Türkei, wo europäische Kreuzfahrer erstmals mit dem Stein in Berührung kamen. Türkis ist in vielen Kulturen ein Schutzstein und wird als Amulett für Kraft, Gesundheit und Lebensfreude getragen. Der Türkis macht innerlich ruhig, aber trotzdem hellwach und belebt. Er fördert eine gute Intuition und Voraussicht.

Blaues Sternenlicht

Dieser Traumfänger besticht durch sein filigranes Äußeres. Er leuchtet aus sich selbst heraus und bricht das Licht nicht nur in Blau, sondern in allen Farben des Regenbogens.

Das wird gebraucht

- kleine, dünne Weidenrute
- goldenes Hologrammband
- Glasperle in Blau
- 4 gelochte Bernsteine

So wird's gemacht

Die frische Weidenrute wird gebogen und mit einem Band in eine ovale Form gebracht. Das Hologrammband spannen Sie im Rahmen so ein, dass ein 10-eckiger Stern entsteht. Die Spitzen des Sternes werden am Rahmen angeknotet. Um das Hologrammband von einem Sternende zum anderen zu führen, umwickelt man den Rahmen damit. Das Ende nutzen Sie als Aufhänger. Das gesamte innere Gespinst wird mit einem Faden hergestellt.

Die blaue Glasperle bindet man mit dem Band so ein, dass sie in der Mitte des Traumfängers frei hängt.

An drei kürzeren Hologrammbändchen werden die Bernsteine am unteren Ende des Traumfängers angeknotet. Ein längeres Band fixiert den unteren Bernstein, welcher in der Mitte hängt.

Der Bernstein und seine Bedeutung

Bernstein ist Baumharz, das im Laufe von Jahrmillionen durch Wasserverlust »gealtert« und allmählich mineralisiert ist. Gefunden wird Bernstein vorwiegend in Braunkohle-Lagerstätten. Bernstein vermittelt Sorglosigkeit, Glück und Fröhlichkeit. Er macht friedliebend und vertrauensvoll und stärkt den Glauben an sich selbst. Der Stein fördert Kreativität und macht flexibler.

WINTERWUNDER

Das Glitzern von Raureif lässt sich bei einem Winterspaziergang durch die Natur bewundern. Ein wenig von dieser Stimmung holt uns dieser Traumfänger ins Haus.

DAS WIRD GEBRAUCHT

- frische Weidenruten
- Bänder und Fäden in Schwarz, Rot und Natur
- dünne Drähte
- Holzperlen unterschiedlicher Größe und Farbe
- Federn
- Baumpilz
- rosa Papierrosen
- Dekospray in Weißgold
- Handbohrer
- Folie oder Plastiktüte

SO WIRD'S GEMACHT

Die Weidenruten werden zu einem Oval gebogen und die Enden mit Draht fixiert. Spannen Sie das naturfarbene Band im Rahmen frei ein und verknoten es. Die Gestaltungsform wählen Sie selbst aus. Um von einem Rahmenende zum anderen zu kommen, wickeln Sie das Band auf Hin- und Rückweg immer wieder um den Rahmen.

Die Bänder in Schwarz und Rot können frei eingeknotet werden. Dabei achten Sie bitte darauf, dass beim Einbinden einzelne oder mehrere Perlen nach Belieben aufgefädelt werden sollten. Den getrockneten Baumpilz locht man mit einem Handbohrer, zusammen mit den Federn wird der Baumpilz beim Spannen des inneren Netzes mit eingebunden.

Die Papierrosen haben einen kleinen Draht, mit dem sie am Rahmen fixiert werden. Ein Reststück des roten oder schwarzen Bandes dient als Aufhänger.

Um die verschiedenen Farben des Traumfängers zu verbinden, legen Sie ihn auf eine kleine Plastikfolie und besprühen ihn mit dem Dekospray. Erst nachdem die eine Seite trocken ist, besprühen Sie die Rückseite des Traumfängers. Durch die golden glänzende Farbe des Sprays wirkt der Traumfänger frostig glitzernd.

VOGELNEST

Auf ausgedehnten Spaziergängen in unsere schöne raue Natur lassen sich immer wieder Dinge finden wie z.B. dieses Nest, welches aus einem Baum gefallen war.

DAS WIRD GEBRAUCHT

- Rahmen mit einem Gespinst aus Weinranken in Kreisform (fertig gekauft)
- gefundene Federn (Taube, Adler usw.)
- gefundenes Vogelnest
- kleine, grünmattierte Weihnachtskugeln mit Draht
- Lederband in Schwarz
- Bergkristall
- Fellrest
- Nadel und Faden

SO WIRD'S GEMACHT

Am unteren Teil des kreisrunden Gespinstes befestigt man das Vogelnest mit Nadel und Faden am Rahmen und im Inneren an den Weinranken. Das Vogelnest wird mit Nadel und Faden an Rahmen und Weinranken angenäht und der Faden an der Rückseite des Traumfängers verknotet.

Die Federn und das Fellstück werden mit Heißkleber oder Klebstoff betropft, bevor sie in das Nest gesteckt werden. Das genügt, um sie am Nest zu halten.

Von den mattierten grünen Weihnachtskugeln wird der Draht entfernt, danach klebt man sie ins Nest hinein. Der kleine Bergkristall wird ebenfalls angeklebt. Weitere Federn können Sie jetzt im Inneren des Weinrankengeflechtes befestigen. Diese werden teilweise hineingesteckt, teilweise mit Kleber an den Ranken fixiert. Das schwarze Lederband dient als Aufhänger und wird zuletzt am Rahmen angeknotet.

DER BERGKRISTALL UND SEINE BEDEUTUNG

Bergkristall ist ein klarer, reiner Kristallquarz. Er galt in alten Kulturen als Heil- und Zauberstein und wurde als Kraft- und Energiespender benutzt. Der Bergkristall gibt Energie und hilft, verloren gegangene Fähigkeiten wieder zu beleben.

LEUCHTENDER ACHAT

Egal ob an der Wand oder im Gegenlicht, Achatscheiben haben eine faszinierende Wirkung und Freunde oder Gäste werden gern näher treten, um das Kunstwerk zu bewundern.

DAS WIRD GEBRAUCHT

- großer, kräftiger Weidenast
- Achatscheibe mit Loch
- gefundene Federn von Greifvögeln
- Halskette aus Halbedelsteinen
- Wildkräuterbündel
- Nerzfellreste
- naturfarbener Bast
- Lederband in Braun

SO WIRD'S GEMACHT

Der noch frische Ast wird mit einem Band zum Oval gebunden, das Ende des Bandes dient gleichzeitig als Aufhänger. Die Achatscheibe binden Sie im Mittelpunkt des Traumfängers mit Bast ein, der am Rahmen verknotet wird.

Von der Mitte aus beginnend, führen Sie das braune Lederband spiralförmig von innen nach außen an den Bastfäden entlang auf den Rahmen zu. Dabei werden die Bastfäden mit dem Lederband umwickelt. Das Lederband verknoten Sie am Rahmen.

Wenn im Sommer Kräuter wie Schafgarbe blühen, sammeln Sie diese und trocknen sie in einem dunklen Raum. Die drei großen Federn sowie die kleinen Kräuterbündel binden Sie mit Bast zusammen und verknoten sie beweglich am unteren Teil des Rahmens. Eine weitere große Feder wird in das innere Gespinst hineingesteckt.

Die Kette aus Halbedelsteinen wird unterhalb der Achatscheibe mit den Metallverschlüssen am Rahmen befestigt. Aus kleinen Nerzfellresten klebt man Dekorationen an den Rahmen an.

DER ACHAT UND SEINE BEDEUTUNG

Der Achat stand in der antiken Welt sowie in Indien, Nepal und Tibet als Schutzstein und Glücksbringer in hohem Ansehen. Der Achat vermittelt Schutz, Geborgenheit und Sicherheit. Er fördert die Konzentration auf das Wesentliche und vermeidet Ablenkungen.

LEICHTIGKEIT

Spaziergänge über Sommerwiesen sind leicht und heiter. Die Stimmung an so schönen Tagen soll dieser Traumfänger wiedergeben.

DAS WIRD GEBRAUCHT

- Rahmen aus Bambus
- Leder in Rot, 1 cm x 40 cm
- Leder in Braun, 2 cm x 30 cm
- Messingdraht
- Wiesengräser in Rosa und Hellgrün
- »Hühnergott«
- Stroh

SO WIRD'S GEMACHT

Spannen Sie zuerst innerhalb des Rahmens den Messingdraht ein. Achten Sie dabei darauf, dass der Draht sich nicht genau in der Mitte kreuzt oder zusammentrifft.

Die Gräser und das Stroh werden in Form eines Kreuzes versetzt am Draht befestigt. Dieses geschieht nur in der Kreuzmitte, so bleiben Stroh und Gräser beweglich.

Aus dem braunen Leder schneiden Sie 4 Bänder von 0,5 cm Breite und 30 cm Länge zu. Das rote Leder wird in 2 Streifen von 0,5 cm x 40 cm geschnitten. Knüpfen Sie ein braunes Lederband in die Mitte des Traumfängers. Das Band wird mit Knoten an den Drähten befestigt, so dass ein Kreis entsteht. Das rote Lederband wird kreisförmig um das braune Lederband eingeknotet und dabei in sich mehrfach verdreht.

Mit dem Einknüpfen des langen braunen Lederbandes beginnen Sie am unteren Drittel des Strohkreuzes, auch dieses wird bei der Führung zum Aufhänger häufig gedreht und verknotet.

Ein 1 cm breites und 6 cm langes Lederband bildet den Aufhänger. Fertigen Sie ein Lederstück in der Breite der Metallmanschette des Bambusrahmens und bekleben diese damit. Im Zentrum des Traumfängers wird der »Hühnergott« fest verdrahtet.

BRAUNE ERDE

Dieser Traumfänger wirkt erdig und schwer, so wie die Felder unserer Umgebung. Wenn Sie im Frühjahr oder im Herbst über die frisch gepflügten Felder wandern, kann es passieren, dass Sie zu diesem Motiv inspiriert werden.

DAS WIRD GEBRAUCHT

- Rahmen aus Bambus
- Leder in Hellbraun und Dunkelbraun, je 10 cm x 40 cm
- Federn in Orange und Schwarzweiß
- dünner Bindfaden in Schwarz und Braun
- Holzperlen unterschiedlicher Größe in Braun, Schwarz und Grün

SO WIRD'S GEMACHT

Vor Beginn der eigentlichen Gestaltung schneiden Sie je 10 Streifen von 1 cm Breite und 40 cm Lange aus hell- und dunkelbraunem Leder aus. Mit den Streifen aus dunkelbraunem Leder wird der Bambusrahmen vollständig umwickelt, dabei mehrfach mit Klebstoff befestigt.

Spannen Sie mehrere Bindfäden, die Sie am Rahmen verknoten. In freier Gestaltung werden die hellen und dunklen Lederbänder teils mit dem Rahmen, teils mit dem inneren Fadenkreuz verbunden.

Auf einen schwarzen Faden ziehen Sie die Holzperlen sowie eine orange Feder auf. Die entstandenen kurzen Perlenketten binden Sie im Inneren des Rahmens an. Für den unteren Schwerpunkt schneiden Sie aus Leder einen Kreis mit Ø10 cm. Dieser »Lederkreis« wird in regelmäßigen Abständen fast bis zur Mitte rund herum eingeschnitten. In der Mitte entsteht so ein innerer Kreis. Das Ergebnis ist eine Art »Bommel«. Durch die Mitte des »Bommels« wird ein Faden gezogen und in der verdeckten Mitte mit einer kleinen Perle gehalten. Zwei große Holzperlen fädeln Sie oben auf und binden das Ganze fest. Die orangen Federn stecken Sie unter die Rahmenumwicklung und befestigen diese mit Faden und Kleber.
Der Aufhänger wird aus einem Lederband gefertigt.

HAPPY HALLOWEEN

Auch in Deutschland feiern Kinder zunehmend Halloween, ein toller Festtag, der Freude und Farbe in die dunkle Jahreszeit bringt. Davon inspiriert entstand ein Traumfänger voller Power. Vielleicht bringt er auch für Sie Farbe in die Wohnung!

DAS WIRD GEBRAUCHT

- Gestell aus Weinruten in Form eines Fünfsterns
- Federn in Gelb, Rot, Orange und Lila
- Fellreste
- Hexe im Kürbis aus Papier
- Lederband, 1 cm x 25 cm
- Muschelstück
- kleine Bergkristallspitze

SO WIRD 'S GEMACHT

Zuerst werden die Sternzacken dekoriert. Dazu verkleben Sie jeweils zwei verschiedenfarbige Federn an den Federkeilen hintereinander. Diese werden an den Kielen mit kleinen Fellstücken umwickelt und verklebt. Kleben Sie die so entstandenen »Feuerchen« an den Spitzen des Fünfsterns fest.

In der Mitte des Fünfsterns kleben Sie Kürbis und Hexe ein. Das Muschelstück und die Bergkristallspitze befestigen Sie mit Klebstoff unter dem Kürbis.

Nun haben Sie noch die Aufgabe, das Lederband als Aufhänger an der oberen Spitze des Fünfsterns anzuknoten, und fertig ist das Glanzstück der dunklen Tage.

KLARER FLUG

Spiegelnde Kristallteile und ein Herkimer-Diamant (Halbedelstein) werfen beim freien Aufhängen dieses Traumfängers das Licht aller Farben in Ihre Räume. Die regelmäßige Ordnung des inneren Netzes sowie verschiedene Federn erinnern an einen ruhigen Flug über die Weiten unserer Natur.

DAS WIRD GEBRAUCHT

- fertiges Netz mit Gespann aus Sehne
- braune Holzperlen unterschiedlicher Größe
- Federn verschiedener Vögel
- Leder in Braun, 4 cm x 30 cm
- Leder in Braun (Manschetten), 18 cm x 4 cm
- dünner weißer Faden
- Herkimer-Diamant
- gebohrtes Bleikristallstück
- braunes Kaninchenfellstück

SO WIRD'S GEMACHT

Das schon fertige, mit Sehne gespannte und umwickelte runde Gestell mit Anhänger bildet die Gestaltungsgrundlage.

Die drei großen Federn werden an den Kielen mit einem dünnen Band verknotet. Danach umwickeln und verkleben Sie diese mit einer Ledermanschette. Jede Manschette sollte 6 cm breit und 4 cm lang sein. Am oberen Teil der Federn zieht man jetzt die Perlen auf. Die drei großen Federn rechts, links und an der unteren Rahmenmitte können dann mit Lederbändern (je 1 cm x 25 cm) angebunden werden.

Die kleineren Federn an den Seiten werden am Kiel durchstochen, mit Band verknotet und mit Holzperlen verziert am Rahmen befestigt.

Das Bleikristallstück binden Sie mit einem langen dünnen Faden unten am Rahmen fest. Der Herkimer-Diamant wird mit einem Lederband (1 cm x 30 cm) am oberen Rahmen verknotet.

Am Ende stecken Sie das Fellstück und die Federn durch das Gespinst, und fertig ist Ihr besonderer Traumfänger.

DER HERKIMER-DIAMANT UND SEINE BEDEUTUNG

Der Herkimer-Diamant ist ein künstlich aussehender Doppelender. Diese Enden laufen Bleistiftspitz an jedem Ende aus. Der Fundort des Steins ist Herkimer in den USA. Sein Glanz ist unbeschreiblich, er strahlt wie ein Diamant. Er ist ein Lichtbringer, der hilft klare sowie wahrhafte Entscheidungen zu treffen und fördert die eigene Selbstverwirklichung. Der Herkimer-Diamant lässt uns in Vergangenheit und Zukunft blicken mit Verbindung zur Gegenwart.

DRACHENFLIEGER

Lassen Sie sich bei diesem Modell von herbstlichen Drachen inspirieren. Bunt und ausgelassen schweben sie in der Luft und erfrischen die herbstlichen Tage.

DAS WIRD GEBRAUCHT

- 4 Aststücke, jeweils 20 cm lang
- Wollfäden in Blau, Grün, Rosa, Gelb, Orange und Rot
- kleine Puppe aus farbiger Wolle
- Messer

SO WIRD'S GEMACHT

Die Aststücke werden in der Mitte mit roter Wolle zu einem Kreuz gebunden. Jetzt bewickeln Sie den Drachen, indem Sie den Wollfaden von innen nach außen führen. Bei jeder Viertelrunde wird gleichzeitig einmal das Aststück an der Rückseite mit umwickelt.

Wenn Sie die Farbe wechseln wollen, verknoten Sie das jeweilige Ende an der Rückseite. Danach knoten Sie die neue Farbe an. Das Gespann sollte leicht gestrafft sein. Die drei Bommeln stellen Sie her, indem Sie verschiedenfarbige Wolle mehrmals um vier Finger Ihrer Hand wickeln. Danach nimmt man die Schlaufen vorsichtig von der Hand ab, fädelt einen doppelten Faden durch die Schlaufen hindurch und führt diesen zum oberen Schlaufenende. Die Enden des doppelten Fadens werden an einem Ende zusammengeknotet. Der »Kopf« der Bommel entsteht durch weiteres Abbinden des oberen Teils. Nun können Sie den unteren Teil (die untere Schlaufe) der Bommel aufschneiden und diese an der Drachenspitze anknoten.

Die »kleine Drachenfliegerin« aus Wolle stecken Sie locker in die innere Umwicklung hinein. Ein Wollfaden der Außenumrandung wird als Aufhänger benutzt.

FRÜHLINGSHAUCH

Traumfänger können leicht und schwebend wirken, dieser fliegt bei jedem Windhauch hin und her, er wirkt zart und filigran, wie ein erstes frisches Frühlingslüftchen. Oder?!

DAS WIRD GEBRAUCHT

- dünne Weidenrute
- Zwirn in Rot und Weiß
- 18 Emufedern
- 5 gelochte Bergkristallperlen

SO WIRD'S GEMACHT

Zuerst binden Sie die frisch geschnittene Weidenrute mit dem Zwirn zu einer runden Form. In dessen Mitte spannen Sie einen Fünfstern. Bei jeder Führung des Zwirns durch die Mitte fädeln Sie eine Perle aus Bergkristall auf.

Der umgedrehte rote Fünfstern entsteht, indem der rote Zwirn zwischen die Perlen gespannt wird. Verknoten Sie alle Zwirnenden sauber, denn an diesem filigranen Traumfänger sind Fehler schnell zu sehen.

Jeweils sechs Federn binden Sie zu drei Federbündeln mit einem längeren roten Zwirn zusammen. Die Federbündel werden am rechten, linken und am unteren Rahmenende verknotet. Aus weißem Zwirn arbeiten Sie den Aufhänger des Traumfängers.

KUSCHEL-MUSCHEL

Dieser Traumfänger wurde mit Fundstücken von Spaziergängen an heimischen Seen und in Verbindung mit gekauften Muscheln hergestellt. Die Kombination aus beidem macht den Reiz des Traumfängers aus.

DAS WIRD GEBRAUCHT

- größere Weidenrute
- Bindfaden in Natur und Braun
- gekaufte Muscheln
- Gänsefedern in Grau und Weiß
- Krabbenschere
- Holzperle
- Lederrest in Schwarz
- Messer
- Handbohrer

SO WIRD'S GEMACHT

Eine größere Weidenrute wird frisch geschnitten und danach zu einem Oval gebogen. Die beiden Enden umwickeln Sie mit dem Bindfaden.

Danach bohren Sie Löcher in die von Ihnen ausgesuchten Muscheln. Beim Bohren sollten Sie vorsichtig sein, da die Muscheln leicht zerplatzen können.

Das innere Netz des Traumfängers wird, wie auf Seite 11 schon beschrieben, mit weißem Bindfaden fest eingespannt. Schon während dieser Tätigkeit können Sie die Muscheln mit einbinden. Zwei weitere Muscheln knotet man am unteren Rahmenende an.

Jeweils mehrere der grauen Federn werden erst mit einem Lederband am Kiel, dann mit einem Lederrest als Manschette zusammengeklebt. Danach können Sie die drei grauen fedrigen Dekorationen am Rahmen befestigen.

Drei weiße Federn verknoten Sie mit Bindfaden und kleben diese in die Öffnung einer Holzperle. Diese Konstruktion wird am Rahmen verknotet. Zuletzt kleben Sie die gefundene Krabbenschere an einer schönen Stelle an eine Muschel.

DRACHENAUGE

Aus alten verwachsenen Baumwurzeln in der Nähe eines verfallenen Hühnergrabes entstand dieses Drachenauge. Die Form des Traumfängers ist außergewöhnlich und unverwechselbar.

DAS WIRD GEBRAUCHT

- kleines, flaches Baumwurzelteil
- Baumrest mit großem Astloch (für den Anhänger)
- Leder in Lila und Blau
- Fellrest in Blau
- Federn in Blau und Türkis
- Hologrammband
- Opal
- Glastränen am Goldband
- Filzstift in Gold und Blau
- Nadel und Faden

SO WIRD'S GEMACHT

Das gefundene Baumwurzelteil wird im Backofen langsam (ca. 30 Min.) erhitzt, damit Schädlinge abgetötet werden. Nach dem Abkühlen kann es losgehen! Jetzt können Sie bei der Baumwurzel entscheiden, welche Seite vorn und hinten sein soll. An der Rückseite verspannt man die Baumwurzel mit Hologrammband. Weitere Fäden werden nach vorn gespannt und hinten verknotet.

Der kleine Anhänger links am Drachenauge wird zuerst gefertigt.

An dem Baumrest mit Astloch werden mit Filzstift die wellenförmigen Holzverläufe nachgezeichnet bzw. hervorgehoben. Den blauen Fellrest und die Federn verkleben Sie an der Rückseite des Baumrests. Die Rückseite wird mit dem blauen Leder, das Sie vorher auf die entsprechende Größe zugeschnitten haben, verkleidet und bemalt. Durch ein natürliches Loch im Baumrest fädeln Sie ein Goldband zum Anhängen.

Die Federn für den zweiten rechten Anhänger werden an den Kielen mit Hologrammband verbunden und mit einer Manschette aus Leder verklebt.

Den Opal in der Mitte der Baumwurzel fassen Sie in lila Leder ein. Er dabei wird teils geklebt, teils am Leder angenäht. In der Nähe der Öffnung der Baumwurzel setzen Sie den Opal ein und befestigen ihn mit Klebstoff. An natürlichen Löchern unterhalb der Baumwurzel können Sie nun den Baumrest mit Astloch, die Federn und die »Glastränen« anknoten. Durch zwei obere Löcher fädelt man einen Bindfaden, der als Aufhänger dient. Nun kann das Drachenauge in Ihre Wohnung blicken.

DER OPAL UND SEINE BEDEUTUNG

Den Opal gibt es in allen Farben bunt schillernd. Er bringt Freude, fördert Spontaneität und die Poesie. Er stärkt den Lebenswillen und wirkt gesundheitsfördernd. Positive und negative Einflüsse verstärken sich.

EICHENBLATT

Die heimische Eiche ist hier themengebend für den Traumfänger. Eine inspirierende Wirkung geht von ihr aus. Die Eiche symbolisiert Kraft, Stärke und Gerechtigkeit.

DAS WIRD GEBRAUCHT

- größere und kleinere Ruten
- Bindfaden in Natur
- 6 Lederbänder in Braun,
- je 1 cm x 30 cm
- Eichenblatt aus Leder
- geflochtenes Band aus verschiedenfarbigem Leder, 1 cm x 50 cm
- Kettenanhänger aus Ebenholz
- Adlerfeder und kleine Federn gebohrtes Stück Hirschhorn

SO WIRD'S GEMACHT

Zuerst binden Sie die frischen Ruten mit dem Zwirn zu zwei verschieden großen Kreisen.

In den kleineren Kreis spannen Sie das Netz, wie auf Seite 11 beschrieben, ein. Der Ebenholzanhänger wird in der Mitte des Netzes eingebunden, den Rahmen bekleben Sie stellenweise nach Belieben mit braunem Leder.

Das Eichenblatt hat Löcher, an denen Sie es mit Lederbändern am Rahmen befestigen. Am Eichenblatt wird das gebohrte Hirschhornstück mit einem Lederband befestigt.

Um die Adlerfeder wird am Kiel ein Lederband gebunden und darum eine Ledermanschette geklebt. Die kleinen Federn verkleben Sie mit einem geflochtenen Lederband.

Der kleine Rahmen wird jetzt mit Zwirn frei beweglich in den großen Rahmen hineingehangen. Die Adlerfeder, die kleinen Federn und der Aufhänger werden am großen Rahmen angeknotet.

TRAUMFÄNGER MIT SCHLANGE

Die Baumwurzel, die an eine Schlange erinnert, ist der Blickfang bei diesem Traumfänger.

DAS WIRD GEBRAUCHT

- 2 Weidenruten
- 2 Baumwurzelstücke
- Bindfaden
- große und kleine Feder
- Mookait, gelocht
- 5 Bernsteine, gelocht
- Leder in Rot, 5 cm x 60 cm
- Fellstück in Braun
- Acrylfarbe in Gelb und Rot
- Pinsel
- Palette
- Wasserglas
- Nadel und Faden

SO WIRD'S GEMACHT

Die zwei frischen Weidenruten werden mit Bindfaden zu einem Oval gebunden. Das zusammengebundene Ende bildet den unteren Teil des Rahmens. Wie in der Abbildung auf Seite 11 beschrieben, knüpfen Sie aus Bindfaden das Netz, in dessen Innerem der Mookait eingebunden wird.

Die »Schlange« entsteht aus der gefundenen Baumwurzel, welche mit Acrylfarben bemalt und mit roten Lederbändern dekoriert wird. Es werden 5 Bänder aus einem Lederstück in den Maßen 1 cm x 60 cm zugeschnitten. An die Bänder nähen Sie vier Bernsteine an, ein fünfter wird am frei hängenden Ende der Baumwurzel angeklebt.

Die Federn verkleben Sie an den Kielen mit roten Lederbändern und roten Ledermanschetten. Beide Federn werden außen am Rahmen angeknotet.

Die »Schlange« binden Sie mit Bindfaden an der Außenseite, die andere Baumwurzel an der Unterseite des Rahmens an. Das Fellstück wird dekorativ darüber geklebt. Mit dem roten Lederband als Aufhänger wird Ihr Schlangentraumfänger den Schlafbereich beruhigen.

DER MOOKAIT UND SEINE BEDEUTUNG

Der Mookait ist ein australischer Jaspis, der gelben und roten Jaspis in hellen Farbtönen in sich vereint. Mookait fördert den Wunsch nach Abwechslung und neuen Erfahrungen. Er schenkt tiefe innere Ruhe und Abenteuerlust. Er hilft immer mehrere Möglichkeiten zu sehen und doch das Richtige auszuwählen.

SCHILDKRÖTE

Schildkröten nehmen wir oft als langsame Tiere wahr. Sie sind durch ihren Panzer gut geschützt und scheinen aus einer ganz anderen Zeit zu kommen. Diese grüne Schildkröte spielt gern mit gelben Steinen und wirkt faszinierend.

DAS WIRD GEBRAUCHT

- geschälte Weidenrute
- Baumwurzelstück
- Stickgarn in Grün
- größeres Lederstück in Rot für die Innenbespannung
- 6 Lederbänder in Rot und Grün, je 1,5 cm x 30 cm
- Lederband in Grün, 1,5 cm x 100 cm
- Stoffmalfarbe in Grün, Gelb und Rot
- zwei »Hühnergötter«
- zwei große Federn
- Lochzange
- Pinsel
- Wasserglas
- Filzstift in Schwarz
- Bleistift

SO WIRD'S GEMACHT

Die Weidenrute wird mit dem Faden zu einer Kreisform gebunden.

Die Federn verkleben Sie an den Keilen jeweils mit zwei roten Lederbändern und einer Manschette aus rotem Leder. Durch die Steine werden rote und grüne Lederbänder gezogen. Das Baumwurzelstück binden Sie an ein rotes Band.

Aus einem größeren Lederstück schneidet man die Form eines Tierfells aus (sechseckig, siehe Foto), dieses muss kleiner sein als der Rahmen. 0,5 cm vom Rand entfernt lochen Sie mit der Lochzange das Lederstück. Die Lochabstände zueinander betragen ca. 1 cm. Jetzt wird das Lederstück in den Rahmen gespannt, zuerst an den sechs Ecken. Spannen Sie mit dem grünen Stickgarn das Lederstück rundum ein. Führen Sie das Stickgarn im Zickzack zwischen Lederstück und Rahmen.

Auf das rote Lederstück zeichnen Sie zuerst mit Bleistift, dann mit Stoffmalfarbe und Filzstift Ihr Motiv. Das grüne Lederband (1,5 cm x 100 cm) wird locker durch die Spannfäden gezogen, verknotet und bemalt. Daran befestigen Sie links eine Feder.
Steine, Wurzel, Aufhänger und die zweite Feder werden am Rahmen angebunden.

STERNENGLANZ

Schon beleuchtet ein zartes Sternenlicht Ihren Schlafplatz! Hier ist es eine kleine Achatscheibe, die vielleicht bald Ihren Schlafplatz hell erleuchtet?

DAS WIRD GEBRAUCHT

- Rute in Rot
- glänzende Wolle in Rot
- Holzperlen in Rot und Natur
- Achatscheibe
- Federn in Weiß
- Plastiksterne durchsichtig und goldfarben
- Draht
- Plastikperlen
- Band in Weiß
- Nadel

SO WIRD'S GEMACHT

Binden Sie die frisch geschnittene Rute mit rotem Band zu einem Kreis. Danach spannen Sie, wie auf Seite 11 beschrieben, das Netz in den Rahmen. Im Inneren des Netzes wird die Achatscheibe mit Draht befestigt.

Die Kiele der weißen Federn durchlochen Sie mit einer Nadel und fädeln das Glitzerband durch. Oberhalb der Federn ziehen Sie die Perlen auf. Schon jetzt können die Federn rechts, links und unterhalb des Rahmens angebunden werden. Der Aufhänger wird aus Glitzerband gefertigt, an dessen oberem Teil werden ein Stück Glanzgarn, die Sterne und die Perlen angeknotet.

DIE KLEINE EULE

Eulen sind Tiere, die in der Dunkelheit gut sehen können und uns deshalb am Tage kaum begegnen. Aber womit »leuchten« sie ihr Haus aus? Vielleicht mit Bernstein, denn dieser Stein gibt ein warmes Licht.

DAS WIRD GEBRAUCHT

- kräftige, lange Rute
- Zwirn in Gelb
- kleine und große gelochte Bernsteine
- Eulenfigur
- Fellreste
- Federn in Orange und Rot
- Draht

SO WIRD'S GEMACHT

Biegen Sie die Rute zu einem Kreis, indem Sie diese umeinander drehen. Den Kreis fixieren Sie mit Draht.

Das Netz aus gelbem Zwirn spannen Sie, wie auf Seite 11 beschrieben, in den Kreis ein. Bei jeder Weiterführung des Zwirns fädeln Sie einen oder mehrere Bernsteine auf. Im großen Loch des Netzes wird die Eule frei schwingend aufgehängt.

Die farbigen Federn verkleben Sie an den Kielen miteinander. Beim Ankleben der Fellbüschel am Rahmen werden gleichzeitig die Federn mit befestigt. Mit gelbem Zwirn binden Sie den großen Bernstein am oberen, und den Aufhänger am unteren Rahmen an.

DER ALTE WOLF

Diese Wurzel ähnelte einem dünnen Wolf. Er ist schon alt und läuft vorsichtig, mit dem Mond im Rücken, durch den Wald. Was er dort erlebt findet sich im Traumfänger wieder.

DAS WIRD GEBRAUCHT

- mehrere dünne Weidenruten
- Baumwurzel
- Draht in Lila
- Leder in Grau, 15 cm x 40 cm
- Baumpilze
- Fliegenpilz
- Wildschweinzahn (oder ähnliche Fundstücke)
- Krautbüschel
- Federn in Braun und Grau
- Fellreste in Braun
- Glasträne
- Filzstift in Gold
- Filzstück in Rot

SO WIRD'S GEMACHT

Die dünnen Weidenruten werden mit Draht zu einem Kreis geformt. Das Netz entsteht, indem Draht im Inneren verspannt und dabei miteinander verknotet wird.

Aus grauem Leder schneiden Sie 10 Streifen von 1,5 cm Breite und 40 cm Länge. Mit diesen umwickeln Sie den Rahmen komplett, an einzelnen Stellen kleben Sie ihn fest. Der untere Teil des Rahmens wird nicht umwickelt, damit man die Weidenruten sehen kann. Baumpilze und Fliegenpilz werden an dieser Stelle angeklebt.

Das Kraut, der Wildschweinzahn und die große Feder bekleben Sie mit einem Band und einer Manschette aus Leder. Diese Teile befestigen Sie zuletzt unten am Rahmen.

Jetzt wird die Baumwurzel im Inneren verdrahtet. Sie bekleben einige Stellen der Baumwurzel mit Fellresten und der Glasträne, um ein Auge darzustellen. Ein aufgeklebtes rotes Filzstück bildet das Maul. Im oberen Teil des Netzes drahten Sie den Baumpilz an, an dessen Rückseite werden die Federn verklebt.

Der Aufhänger aus grauem Lederband vervollständigt diesen besonderen Traumfänger.

GLÄNZENDER GRANAT

Im Allgemeinen ist uns der Granat nur in warm leuchtendem Rot bekannt, aber es gibt auch seltene grüne Granate. Dieser Traumfänger strahlt herrlich im Licht und wird Ihren Schlafbereich verzaubern.

DAS WIRD GEBRAUCHT

- zwei Ruten
- Leder in Lila, 3 cm x 30 cm
- Granatperlen in Rot
- Granatanhänger in Grün
- Federn in Grün und Lila
- Stickgarn in Lila
- Draht

SO WIRD'S GEMACHT

Zwei frische Ruten werden miteinander verdreht und verdrahtet. Ihre Verbindung bildet den oberen Teil des Rahmens. Das Netz spannen Sie, wie auf Seite 11 beschrieben, ein. Bei jeder Weiterführung des Stickgarns fädeln Sie eine Perle aus Granat auf. In die Mitte des Gespinstes wird der grüne Granat frei schwebend hineingehängt.

Jeweils zwei grüne Federn verknoten Sie mit Stickgarn und verkleben die Kiele mit einer lila Ledermanschette (1 cm x 30 cm). An deren oberem Teil fädelt man eine Granatperle auf und bindet die Federdekoration rechts und links am Rahmen fest.

Die lila Federn werden ebenfalls miteinander und mit einem Band sowie einer Ledermanschette verklebt. Diese verknoten Sie an der unteren Mitte des Rahmens. Die verdrahteten oberen Rahmenteile verkleiden und verkleben Sie mit lila Lederbändern. Ein längeres Band bildet den Aufhänger für Ihren Traumfänger aus glänzendem Granat.

DER GRANAT UND SEINE BEDEUTUNG

Der Granat hilft in aussichtslosen Situationen. Er ist der klassische Krisenstein, wenn Weltbilder zusammenstürzen oder die allgemeinen Lebensumstände extrem schwierig werden. Granat hilft, auch in Extremsituationen die täglich notwendigen Dinge zu erledigen und sich immer wieder zu überwinden. Er schenkt Mut, bringt Hoffnung und Zuversicht, Widerstände werden Herausforderungen, die es zu bewältigen gilt. Der Granat stärkt die Liebe, das Selbstvertrauen und die Willensstärke.

SCHWEBENDE HEITERKEIT

Dieser Traumfänger schwebt frei im Raum aufgehängt bei jedem Windzug hin und her, wie eine Unruhe. Er wirkt heiter, frei und freudig. Wer möchte diese Stimmung nicht in seinem Schlafbereich haben?

DAS WIRD GEBRAUCHT

- Weidenrute
- Bindfaden in Natur und Weiß
- Holzperlen in Braun, Natur und
- Blassblau
- Gänsefedern
- kleine Pfauenfedern
- Federn in Braun

SO WIRD'S GEMACHT

Die noch frische Weidenrute binden Sie mit einem kräftigen Bindfaden zu einem Oval. Das innere Netz wird im Rahmen eingespannt, wie auf Seite 11 beschrieben. Es sollte straff sein, da der Rahmen beim Trocknen noch schrumpft. Schon beim Spannen des Netzes werden wenige Holzperlen eingefädelt.

Binden Sie immer mehrere Federn an den Kielen mit weißem Faden zusammen und ziehen Sie oberhalb der Federn auf den Faden mehrere Holzperlen auf. So entstehen vier Anhänger. Diese verknoten Sie rechts, links und am unteren Teil des Rahmens. Ein kleiner »Anhänger« kann im Inneren des Netzes verknotet werden.

Den Abschluss des heiteren Traumfängers bildet der Aufhänger aus kräftigem Bindfaden, den Sie zuvor schon im oberen Bereich des Ovals zum Umwickeln benutzt haben.

TIGERRATTE

Etwas Besonderes ist dieser Traumfänger. Inspiriert durch einen gefundenen Rattenkopf entstand daraus die kleine »Tigerratte«, welche Träume beschützen möchte.

DAS WIRD GEBRAUCHT

- Rute
- Bindfaden in Natur
- Kaninchenfell, bedruckt
- Ohrring aus roter Koralle
- Kopfskelett einer Ratte
- verschiedenfarbige Federn
- Holzperlen
- Lochzange

SO WIRD'S GEMACHT

Die frische Rute binden Sie mit Faden zu einem Oval. Ein Stück Kaninchenfell, welches viel kleiner als der Rahmen ist, wird mehrfach gelocht und in diesen mit dem Bindfaden eingebunden.

Den Ohrring aus roter Koralle kann man durch das gelochte Fell stechen und hinten mit dem Stecker befestigen. Die oberen Federn werden von hinten angeklebt.

Die unten hängenden Federn knoten Sie an den Bindfaden und kleben die Holzperlen ein. Im Mittelpunkt des längeren Fadens zieht man den Rattenkopf auf. Das gesamte Element wird am unteren Ende des Rahmens verknotet.

Zum Abschluss binden Sie den Aufhänger am oberen Rahmen an, und fertig ist die »Tigerratte«.

Die Deutsche Bibliothek – CIP-Einheitsaufnahme

Ein Titeldatensatz für diese Publikation ist bei Der Deutschen Bibliothek erhältlich.

DANKSAGUNG

Auf diesem Weg bedanke ich mich bei allen Personen, die mir Unterstützung beim Schreiben dieses Bastelbuches gewährten.

Ein Dankeschön an Heiner und Martina Zars, welche mich dazu anregten, dieses Buch zu schreiben.

Liebevollen Dank an meine Familie, besonders meinen Mann René und meine Tochter Jessica, die mich unterstützten und an allen Entwicklungen des Buches teilnahmen.

Besonderen Dank an meine klugen Freundinnen und Freunde Marion, Gudrun, Claudia, Sylvia, Berenike, Lydia, Matthias, Clemens u.v.a., die sich geduldig meine Erzählungen anhörten und mir mit Rat und Tat zur Seite standen.

Danke an die rund 200 Kinder, Jugendlichen und Frauen, mit denen ich in den vergangenen Jahren Traumfänger herstellen durfte. Sie erzählten mir von ihren Träumen der unterschiedlichsten Art und hatten großes Vertrauen zu mir. Ich habe nur gute Erinnerungen an die Tage, welche wir gemeinsam verbrachten.

Riesengroßen Dank an die Traumfänger, welche mein Leben sehr bereichern. Ich habe immer noch unendlich viel Freude mit ihnen.

Fotografie: Klaus Lipa, Diedorf
Lektorat: Kerstin Müller
Umschlagkonzeption: Kontrapunkt, Kopenhagen
Umschlaglayout/Herstellung: Melanie Gradtke
Layout: Anton Walter, Gundelfingen

AUGUSTUS VERLAG, München 2000

Satz: DTP-Design Walter, Gundelfingen
Reproduktion: Repro Ludwig, A-Zell am See
Druck und Bindung: Appl, Wemding

Gedruckt auf 135 g umweltfreundlich chlorfrei gebleichtem Papier.

ISBN 3-8043-0774-4

Printed in Germany